LES

ADIEUX AU COMPTOIR,

COMÉDIE-VAUDEVILLE EN UN ACTE,

Par MM. SCRIBE et MÉLESVILLE ;

REPRÉSENTÉE POUR LA PREMIÈRE FOIS, A PARIS, SUR LE THÉATRE
DU GYMNASE DRAMATIQUE, LE 9 AOUT 1824.

PRIX : 1 fr. 50 c.

PARIS,

POLLET, LIBRAIRE, ÉDITEUR DE PIÈCES DE THÉATRE, RUE
DU TEMPLE, N. 36, VIS-A-VIS CELLE CHAPON.

1824.

PERSONNAGES.	ACTEURS.
M. DUBREUIL, Marchand d'Étoffes.	M. Dormeuil.
Mme DUBREUIL, sa Femme.	Mme Grandville.
ÉLISA, leur Fille.	Mlle Adeline.
BERNARD, jeune Tapissier.	M. Perrin.
M. COTING, Tailleur.	M. Klein.
Un jockey, costume à l'anglaise.	M. Émilien.
FRANÇOIS, Domestique.	M. Bordier.

La Scène se passe à Paris, dans la maison de M. Dubreuil.

NOTA. S'adresser, pour la musique de cette pièce et pour celle de tous les ouvrages représentés sur le Théâtre du Gymnase, à M. Théodore, Bibliothécaire et copiste, au Gymnase.

Vu au ministère de l'intérieur, conformément à la décision de S. Ex. en date de ce jour.

Paris, le 31 juillet 1824.

Par ordre de Son Excellence,

Le chef adjoint au bureau des théâtres,

COUPART.

DAVID, IMPRIMEUR, RUE DU FAUBOURG-POISSONNIÈRE, N° 1.

LES
ADIEUX AU COMPTOIR,

COMÉDIE-VAUDEVILLE EN UN ACTE.

Le Théâtre représente un appartement assez élégant; — Porte au fond; — Deux portes latérales; — A droite, sur le devant, une petite table couverte d'un tapis :—Du côté opposé une table ronde sur laquelle on sert le déjeûner.

SCÈNE PREMIÈRE.

M. ET Mad. DUBREUIL.

(*Ils sortent ensemble de la chambre à gauche*).

M. DUBREUIL.

Mais au moins, ma femme, écoute un peu la raison.

MAD. DUBREUIL.

Non, M. Dubreuil, je ne veux pas que nous restions plus long-temps dans le commerce... voilà vingt ans que je suis assise dans ce maudit comptoir, il me tarde d'en sortir.

M. DUBREUIL.

Songe donc, ma chère amie, que nous nous y sommes enrichis.

MAD. DUBREUIL.

Raison de plus pour nous retirer, pour faire les bourgeois... pour acheter une maison à Paris, et une à la campagne.

M. DUBREUIL.

Y penses-tu?

MAD. DUBREUIL.

Air *du Ménage de Garçon.*

Et pourquoi pas ? qui vous arrête ?...
Surtout, monsieur, dans un moment
Où dans Paris chacun achète
Des maisons, sans avoir d'argent.

M. DUBREUIL.

Par les acheter on commence,
Et bien des gens en font métier;
Mais il s'en vendrait moins, je pense,
Si l'on commençait par payer.

MAD. DUBREUIL.

Eh bien, monsieur, rien ne vous empêche de commencer par là... et quand je pense à ce bal, où nous avons été hier avec ma fille... dieu !... que je voudrais me voir dans un salon de la Chaussée-d'Antin, sur un canapé, ou un divan ! et recevant le beau monde... n'est-ce pas plus agréable, et plus honorifique que d'être demoiselle de comptoir, ou dame de boutique... aux ordres de tout le monde... astreinte à la sonnette, et attachée à la demi-aune ?

M. DUBREUIL.

Et moi, qui ne suis jamais sorti de la rue Saint-Denis !.. qu'est-ce que je ferai dans ton beau salon de la Chaussée-d'Antin?

Air *de la Robe et les Bottes.*

Pour voir des sots gonflés de leur mérite,
De jeunes fats, des docteurs de boudoir,
De gros banquiers fiers d'avoir fait faillite;
J'aime bien mieux rester dans mon comptoir :
Franchise, honneur, vertus héréditaires,
Chez ces messieurs que feriez-vous ? hélas !
Vous seriez là des plantes étrangères,
L'air n'y vaut rien... vous n'y prendriez pas.

MAD. DUBREUIL.

Restez-donc dans votre quartier, puisque vous le voulez; mais au moins, vous ne pouvez point sacrifier vos enfans ; et puisque nous avons de la fortune, j'espère que votre intention n'est pas qu'ils soient des marchands comme nous.

M. DUBREUIL.

Si fait parbleu... mon fils Didier, qui a bientôt quatorze ans, sortira dans trois ans du collége, pour entrer, non pas (comme vous le disiez) dans une école militaire, mais dans mon magasin... Il ne portera ni l'épée, ni l'épaulette... il y a assez de braves sans lui... il portera comme moi la demi-aune, et sera aide-de-camp de monsieur son père, jusqu'à ce qu'il plaise au ciel de le faire monter en grade, et de le nommer général en chef.

MAD. DUBREUIL.

Mais notre fille Elisa, qui est en âge d'être mariée... une fille charmante, qui a été élevée par moi?

M. DUBREUIL.

Notre fille épousera le fils de M. Bernard, mon ancien ami, un des premiers tapissiers de Paris.

MAD. DUBREUIL.

Moi!... la belle mère d'un tapissier!

M. DUBREUIL.

Où serait le mal?.. savez-vous qu'un tapissier comme celui-là, qui a vingt mille livres de rentes assurées, vaut mieux qu'un notaire ou un avoué qui doit sa charge.

MAD. DUBREUIL.

A la bonne heure : mais si votre fille éprouve pour ce mariage une répugnance invincible?..

M. DUBREUIL.

Une répugnance invincible!.. elle ne connaît pas son prétendu, puisque voilà dix ans qu'il est à Lyon à la tête de ma fabrique. Elisa ne pense rien de tout cela ; et c'est vous qui lui mettez de pareilles idées dans la tête.

MAD. DUBREUIL.

Voulez-vous vous en rapporter à elle ?.. je vous promets de rester neutre.

M. DUBREUIL.

Eh bien! j'y consens.

AIR : *On dit que je suis sans malice.*

Entre nous deux qu'elle prononce :
Mais aussi, d'après sa réponse,
L'hymen se fera sur-le-champ.

Mᵐᵉ DUBREUIL.

Eh! quoi vous voulez?

M. DUBREUIL.

Oui vraiment,
Je veux la forcer d'être heureuse.

Mᵐᵉ DUBREUIL.

Dieu! quelle tyrannie affreuse!

M. DUBREUIL.

Eh! bien, tâchez dès aujourd'hui
De me tyranniser ainsi.

Mais taisez-vous; car voici ma fille.

SCÈNE II.

M. ET Mad. DUBREUIL, ELISA.

MAD. DUBREUIL, *s'asseyant sur un fauteuil.*

Approchez, Elisa, approchez... nous avons à vous interroger sur une affaire importante.

M. DUBREUIL.

Oui, ma fille... et surtout réponds-nous avec franchise, car nous ne voulons que ton bonheur.

Mad. DUBREUIL.

Levez la tête, Elisa... Auriez-vous envie d'être mariée?

ÉLISA, *vivement.*

Oui, maman... (*se retournant vers M. Dubreuil, et lui faisant la révérence*) Oui, mon papa.

M. DUBREUIL.

C'est bien... c'est bien... voilà un empressement qui est de bon augure.

Mad. DUBREUIL.

Et voudriez-vous épouser le fils de M. Bernard le tapissier?(*Lui faisant signe de la tête de dire non.*)

ÉLISA, *hésitant.*

Non... non, maman.

M. DUBREUIL.

Comment, non?

Mad. DUBREUIL.

Ah! M. Dubreuil, permettez : vous ne devez pas l'intimider ; il faut qu'elle soit libre de répondre... (*à sa fille*) Comment? tu ne voudrais pas être la femme d'un tapissier ? te voir depuis le matin jusqu'au soir dans une belle boutique à mesurer des franges et à auner de la moquette? (*Lui faisant toujours signe que non.*).

ÉLISA.

Non, maman... non, certainement.

MAD. DUBREUIL, *à son mari.*

Vous voyez que je ne lui fais pas dire... (*à sa fille*) Est-ce que tu aimerais mieux, par hasard, un jeune homme comme il faut, qui n'aurait rien à faire toute la journée, qu'à mener promener sa femme au bois de Boulogne... en calèche, ou en tilbury... qui lui donnerait des bijoux, des cachemires (*regardant son mari avec intention*), et qui ne regarderait jamais le mémoire de la marchande de modes.

ÉLISA, *vivement.*

Ah! oui, maman; voilà le mari qu'il me faut; et je n'en veux pas d'autre.

M. DUBREUIL.

Et moi, morbleu! j'entends, mademoiselle....

MAD. DUBREUIL.

Vous le voyez... malgré nos conventions, vous allez vous emporter.

M. DUBREUIL.

Non pas... mais qu'elle voie au moins celui que je propose... Voici trois jours que Bernard est arrivé de Lyon... ses premiers momens ont été donnés à sa famille et à ses affaires... mais maintenant il nous appartient; et je vous préviens que tantôt nous l'avons à dîner... pour que vous fassiez connaissance.

MAD. DUBREUIL.

Eh, mon Dieu !... nous le connaissons de reste, par tout le bien que vous nous en disiez.

AIR *des Amazones.*

C'est un garçon honnête et raisonnable,
Plein de bonté, d'esprit et de vertus.

ÉLISA.

D'un caractère aussi joyeux qu'aimable.

M. DUBREUIL.

Eh bien! morbleu! que vous faut-il de plus?
Esprit, gaîté, prudence, bonté d'âme,
Que de vertus !.. En voilà, dieu merci!
C'est de quoi faire un héros.... et madame
N'y trouve pas de quoi faire un mari!

MAD. DUBREUIL.

Oui, monsieur ; parce que je ne veux pas sacrifier ma fille... parce que nous ne sommes point faites pour subir continuellement l'humiliation du comptoir.

M. DUBREUIL.

L'humiliation du comptoir !... Ah ça, ma chère Jeannette...

MAD. DUBREUIL.

Ah !... Jeannette !...

M. DUBREUIL.

Dame !... c'était votre nom, quand je vous ai épousée... (*on sonne*) Et, tenez, tenez, vous qui n'êtes point faite... entendez-vous la sonnette !... voilà du monde qui arrive... allons, ma fille, ma femme, à votre poste.

SCÈNE III.

Les Précédens, COTING.

COTING.

Pardon d'entrer jusqu'ici... n'ayant trouvé personne au magasin.

M. DUBREUIL.

C'est nous, monsieur, qui vous faisons nos excuses... Ma femme, une chaise à monsieur.

MAD. DUBREUIL.

Dieu ! être obligée d'être honnête avec tous ces gens là !

COTING.

Ne vous donnez pas la peine... je viens acheter quelques pièces de velours... Sans me connaître, vous avez peut être entendu parler de moi... je suis M. Coting, un des premiers tailleurs de Paris.

AIR : *Le briquet frappe la pierre.*

Mais dans le siècle où nous sommes,
Souvent les tailleurs, hélas !
Ne trouvent que des ingrats !
C'est nous qui faisons les hommes,
Un tel... n'est qu'un ignorant...
Grâce au bel esprit qu'il prend,
On l'écoute en l'admirant...

A qui doit-il cette gloire ?
A qui doit-il son esprit ?...
Il le doit à son habit.
Et quand je vois son mémoire,
Cet habit ?... Dieu ! quelle horreur !
Il le doit à son tailleur.

Vous savez que j'ai inventé l'étoffe qui porte mon nom, et qui a eu tant de vogue l'hiver dernier... et je viens vous consulter sur une espèce de velours que je voudrais créer, et que vous auriez la bonté de faire fabriquer... J'ai là, des échantillons... (*pendant qu'il ôte ses gants*) Vous avez ici un petit local charmant.

M. DUBREUIL.

Oui... c'est notre arrière-boutique, que ma femme a voulu que je fisse arranger en salon... (*montrant la porte du fond*) et qui a une sortie particulière sur la rue.

COTING.

C'est fort propre.... mais si vous venez chez moi..., vous verrez..., c'est tout en glace... De sorte que quand un client essaye un habit... il le voit double.

DUBREUIL, *à part.*

Et il le paye de même...... Eh bien ! monsieur, vos échantillons ?..

COTING, *prenant plusieurs papiers.*

M'y voici... non, c'est un billet de M. le comte de Saint-Edmond !

MAD. DUBREUIL.

Saint-Edmond ?

COTING.

Vous connaissez ?..

MAD. DUBREUIL.

De réputation... ce jeune homme, si aimable, si brillant.

ÉLISA.

L'oracle du goût et de la mode.

MAD. DUBREUIL.

On nous en a beaucoup parlé dans toutes les sociétés où nous allons (*bas à M. Dubreuil*). Voilà le gendre qu'il vous faudrait.

COTING.

Moi, je ne le connais pas... impossible de le joindre...

mais je connais son papier... et j'ai là une lettre de change passée à mon ordre, pour laquelle je me suis mis en règle... (*prenant d'autres papiers.*) Ah! tenez, vous voyez ces deux nuances... ce velours noir et ce velours blanc... je voudrais... cela va vous étonner... Mais moi, je suis un de ces génies créateurs qui visent à l'originalité... Je voudrais combiner ensemble ces deux couleurs hétérogènes, et en faire jaillir une autre.

M. DUBREUIL.

C'est déjà fait.

COTING.

Comment?

DUBREUIL.

Nous avons le gris... le gris de souris... le gris perle...

COTING.

C'est dommage... mais c'est égal... gardez-moi le secret... vous pouvez toujours dire que c'est moi qui l'ai inventé.

AIR : *J'ai vu le Parnasse des Dames.*

Par l'invention, moi, je brille ;
Aussi, je ferai mon chemin.

DUBREUIL, *lui montrant la boutique.*

Par ici... ma femme et ma fille
Vont vous conduire au magasin :
J'ai plus d'une étoffe nouvelle,
Dont on admire la couleur ;
Et là, vous pourrez choisir celle
Dont vous voulez être l'auteur.

COTING, *sortant avec Élise.*

C'est on ne peut pas plus honnête.

MAD. DUBREUIL *à Coting.*

Je vous suis, Monsieur... (*à M. Dubreuil*) et quant à votre monsieur Bernard... ne nous en parlez plus ; car nous le détestons maintenant plus que jamais. (*On sonne*) Allons, encore du monde... Voilà, voilà ; on y va.

SCÈNE IV.

M. DUBREUIL, seul.

Dieu !.. qu'un père de famille a de mal ! et qu'il y a une chose difficile au monde !.. c'est de faire entendre raison à sa femme... car ma fille, cette pauvre Elisa, n'a pas de volonté... et serait, j'en suis sûr, toute disposée à m'obéir, si on ne lui montait pas l'imagination... Hein, qui vient là ?.. c'est ce pauvre Bernard, mon gendre en expectative.

SCÈNE V.

M. DUBREUIL, BERNARD.

M. DUBREUIL.

Bonjour, mon garçon... qu'est-ce qui t'amène si matin ?

BERNARD.

Je n'ai pas eu la patience d'attendre jusqu'au dîner, parce que j'avais à vous raconter quelque chose de si étonnant... mon père en a été dans l'enchantement, et vous aussi, j'en suis sûr... parce que vous êtes un si brave homme... un si honnête homme.

M. DUBREUIL.

Ce n'est pas de moi qu'il s'agit... mais de toi... Allons, vite, dis-moi ce qui t'arrive.

BERNARD.

Voyez-vous, quand j'étais à Lyon, mon père m'écrivait toutes les semaines : « Sois bon sujet, et M. Dubreuil te » donnera sa fille. » Vous-même, quand vous veniez, vous m'en disiez autant,... et vous conviendrez que cela monte la tête d'un jeune commis-marchand, qui a dix-huit ans, et de l'imagination ;... de sorte que, sans connaître mademoiselle Elisa, et sans l'avoir jamais vue, j'en étais déjà amoureux sur parole.

M. DUBREUIL.

Il n'y a pas de mal jusqu'à présent.

BERNARD.

Ah bien oui !... tout cela était bel et bon de loin,... mais je n'ai pas été deux jours à Paris que ça n'était plus ça.

M. DUBREUIL.

Qu'est-ce à dire?

BERNARD.

Hier au soir, j'ai été au bal chez un riche banquier, avec qui mon père a des relations d'affaires,... Dieu! quel coup-d'œil!

Air *de Marianne.*

>Chez nous au bal on aime à rire,
>C'est là que règne la gaîté;
>Mais à Paris, sans se rien dire,
>On s'amuse avec gravité.
>Malgré l'orchestre aux sons joyeux,
>Chacun dansait, et d'un air sérieux!
>Et les messieurs! il faut les voir!
>Pour être gai, tout le monde est en noir.
>En voyant un pareil négoce,
>Surtout leur sombre vêtement,
>On dirait d'un enterrement
>Qui se trouve à la noce.

Aussi, moi, qui n'y étais pas... j'allais me retirer, lorsque je vois entrer, avec sa mère, une jeune personne, qui avait une physionomie si douce et si jolie... que crac, au premier coup d'œil, voilà la tête et le cœur qui sont partis.

M. DUBREUIL.

Allons, il ne manquait plus que cela... le voilà amoureux.

BERNARD.

Oh! amoureux en plein!... Et vous sentez bien que je pensais déjà à vous et à mon père, et que je me faisais de fameux reproches... sans compter les remords qui allaient leur train... lorsqu'au moment où ces dames venaient de partir, quelqu'un les a nommées devant moi... et jugez de ma surprise?... C'étaient madame Dubreuil et mademoiselle Élisa,... votre femme et votre fille...

M. DUBREUIL.

Il se pourrait!... Hier, en effet, elles ont été au bal.

BERNARD.

Hein! quelle rencontre!... et quel bon hasard!... Tomber ainsi amoureux de sa femme!... car je l'aimais d'a-

vance... Je l'adore maintenant.... Je l'aimerai toujours....
Je n'en ai pas dormi de la nuit... J'en ai la fièvre.

M. DUBREUIL.

Air *du vaudeville de la Somnambule.*

Je ne sais pas s'il faut ou non te plaindre;
Mais ça va mal, mon cher, pour tes amours.

BERNARD.

Que dites-vous? quel malheur faut-il craindre?
Ai-je un rival?... parlez vite, j'y cours.
Si je n'ai pas pour celle qui m'enchante,
Assez d'esprit pour la bien mériter;
J'aurai, du moins, si quelqu'un se présente,
Assez de cœur pour la lui disputer.

M. DUBREUIL.

Voyez-vous, quelle bonne tête!... Eh! non... ce n'est pas cela... c'est ma femme et ma fille qui détestent les commerçans et le commerce, et qui ne veulent pas entendre parler de ce mariage.

BERNARD.

Qu'est-ce que vous me dites-là? moi, qui ne peux plus être heureux qu'avec mademoiselle Élisa... D'ailleurs, est-ce que vous n'êtes pas le maître chez vous?... Est-ce que vous ne pouvez pas dire : « Je le veux ? »

M. DUBREUIL.

Oui, sans doute... mais qu'en arrivera-t-il? ma femme criera à la tyrannie! au despotisme!... et ma fille, qui est déjà mal disposée, t'en aimera encore moins.

BERNARD.

Vous avez raison... mais alors quel parti prendre?

M. DUBREUIL.

Ce n'est pas facile : sans les heurter de front, trouvez quelque moyen d'arriver à notre but... Il faudrait tâcher de plaire à ma femme et à ma fille... Hier, comment as-tu été accueilli?

BERNARD.

Fort bien... Mademoiselle Élisa avait un air si aimable! Et pour madame sa mère.....

Air : *Du partage de la richesse.*

Elle observait mon genre et ma méthode,
Car pour ce bal mon père avait voulu
Que l'on me fit un costume à la mode :
Ainsi, jugez comme j'étais vêtu.
Dans ce salon ils étaient tous si drôles ;
Mais un surtout, que de loin j'aperçoi,
Je m'en approche en haussant les épaules,
Et le miroir m'apprend que c'était moi.

Il est vrai qu'il n'y avait pas là un cavalier qui fût plus ridicule... Aussi tout le monde m'admirait.

M. DUBREUIL.

A merveille... Voilà un commencement... Pour continuer, il faut t'en aller sur-le-champ, car ma femme aime les élégans... les gens à la mode ; et tout serait perdu, si elle te voyait accoutré de la sorte.

BERNARD.

Dam !... c'est pour le matin... mon costume de travail.

M. DUBREUIL.

Va mettre ton bel habit, ta chaîne d'or, le lorgnon, et reviens sur-le-champ.

BERNARD.

A quoi bon ?

M. DUBREUIL.

A quoi bon ?... Nous verrons après. Cela ne te regarde pas ; et quoi qu'il arrive, aie soin de ne me contrarier en rien... de me laisser faire, et de toujours dire comme moi.

BERNARD.

C'est dit. (*Il sort.*)

SCÈNE VI.

M. DUBREUIL, seul.

Diable ?... moi, qui n'ai jamais été bien fort, me trouver ainsi, à mon âge, et pour la première fois de ma vie, à la tête d'une intrigue !... Je ne sais pas trop comment je m'en tirerai... d'autant que d'ordinaire ce ne sont pas les pères qui se mêlent de ces choses-là... Mais c'est pour le bonheur de ma fille... et puis, avec ma femme, ça m'épargne une querelle ; et, en ménage, c'est une économie qu'on n'est pas fâché de faire... Il y a tant d'autres occasions de dépenses... Hein! qui vient là? un jokei anglais.

SCÈNE VII.

M. DUBREUIL, un JOCKEY.

LE JOCKEI.

Est-ce ici, M. Dubreuil, un marchand d'étoffes?

M. DUBREUIL.

Oui, mon ami.

LE JOCKEY.

Je viens de la part de mon maître, M. le comte de St-Edmond.

M. DUBREUIL.

Ah! M. de St-Edmond,... rue de la Chaussée-d'Antin!

LE JOCKEY.

Oui, monsieur.

M. DUBREUIL.

C'est celui dont ma femme me parlait tout-à-l'heure,... qu'y a-t-il pour son service?

LE JOCKEY.

Il vous prie de passer demain matin, chez lui,... c'est pour un nouvel ameublement dans son petit salon?

M. DUBREUIL.

C'est bien, mais encore faudrait-il savoir.... est-il là avec toi, dans sa voiture?

LE JOCKEY.

Non, monsieur, mon maître déjeûne en ville,... je viens de le conduire ; et je ne dois aller le reprendre que dans trois heures avec la voiture.

M. DUBREUIL.

Dans trois heures,.. (à part) ah! mon dieu, quelle idée! voilà mon plan qui m'arrive... (haut) dis-moi, mon garçon, tu m'as l'air d'un garçon intelligent?...

LE JOCKEY.

Dam'... monsieur, je fais mon état de jockey anglais du mieux que je peux.

M. DUBREUIL.

Et tu es bien attaché à ton maître?

LE JOCKEY.

Monsieur sait ce que c'est ,... un jeune homme à la mode qui a une très-grande fortune,... on a toujours un attachement proportionné...

M. DUBREUIL.

C'est juste ;... et si, malgré ta fidélité, on te proposait de le quitter ce matin ?

LE JOCKEY.

Comment, monsieur?

M. DUBREUIL.

Pour trois heures seulement (*lui donnant de l'argent*), et moyennant vingt francs par heure.

LE JOCKEY.

A ce prix-là, monsieur, je servirais vingt maîtres à la fois, voyons que faut-il faire !

(*M. Dubreuil le tire à l'écart et lui parle bas.*)

Tais-toi,... c'est ma femme.

SCÈNE VIII.

Les précédens, Mad. DUBREUIL.

MAD. DUBREUIL.

L'ennuyeux personnage !... j'ai cru qu'il ne s'en irait jamais,... et cet autre : un petit bourgeois qui me fait déployer vingt pièces d'étoffes sans rien acheter !... il est bien dur, quand on a vingt-cinq mille livres de rente, d'obéir à des gens qui n'ont peut-être pas un écu dans leur poche,... et qui se donnent encore les airs de marchander.

LE JOCKEY, *à M. Dubreuil.*

Il suffit, monsieur, je comprends.

(*Il sort.*)

MAD. DUBREUIL.

Eh bien ! mon mari, en finirez-vous aujourd'hui ?.... et quand comptez-vous déjeûner?

M. DUBREUIL.

M'y voici, ma chère amie ; c'est que je terminais ici un article important.

MAD. DUBREUIL.

Vraiment !... quel était ce jockey ?

M. DUBREUIL.

Celui de M. le comte de St-Edmond, dont tu me parlais tout-à-l'heure,... il m'annonçait que son maître allait venir ce matin choisir des étoffes.

Mad. DUBREUIL.

Il se pourrait! moi, qui avais tant d'envie de le connaître!... Ah! mon dieu!... dans quel état est ce salon!... (*appelant*) François,... François,... holà quelqu'un,... ma fille, ma chère Élisa...

SCÈNE IX.

Les Précédens, FRANÇOIS, puis ELISA.

Mad. DUBREUIL.

Accours donc, ma chère amie.... tu ne sais pas une nouvelle,... M. de St-Edmond qui va venir.... eh! vite, François, rangez ce salon.

FRANÇOIS.

Et le déjeûner qui était prêt?

Mad. DUBREUIL.

Vous le servirez tout-à-l'heure.... nous attendons auparavant une visite.

FRANÇOIS.

C'est donc cela qu'il y a là un beau jeune-homme qui vous demande.

Mad. DUBREUIL.

Et vous l'avez fait attendre.... qu'il entre vîte. François,... et n'oubliez pas de l'annoncer, comme cela se fait toujours.

FRANÇOIS.

Comment, madame?

Mad. DUBREUIL.

Eh! oui... vous entrerez le premier en disant : « M. de St-Edmond. »

M. DUBREUIL, *à part*.

Elle fait bien d'y songer... j'avais oublié le plus essentiel.

(*François sort.*)

Mad. DUBREUIL.

Mais j'y pense maintenant... dans quel négligé me voilà!

Les Adieux au comptoir.

ELISA,

Que je suis contente... que j'ai bien fait de mettre ce matin cette robe...

M. DUBREUIL, *à part.*

C'est ça... la tête est partie... voilà toutes les girouettes en mouvement. (*Les deux dames arrangent leur toilette devant la glace.*)

SCÈNE X.

Les Précédens, FRANÇOIS, puis BERNARD.

FRANÇOIS, *entrant et annonçant à haute voix.*
M. de Saint-Edmond.

BERNARD, *regardant M. Dubreuil.*
Qu'est-ce qu'il dit donc ?

M. DUBREUIL, *allant à lui.*
Salut à M. de Saint-Edmond.

BERNARD, *bas.*
Il paraît que c'est mon nom.

M. DUBREUIL, *de même.*
Oui, sans doute. (*haut*) Je suis trop heureux de recevoir l'homme le plus à la mode de Paris... (*bas*) Tu es un élégant, entends-tu ? et tiens-toi droit.

BERNARD, *de même.*
Soyez tranquille... vous allez voir, rien que le salut... (*s'avançant près des dames, et les saluant, la tête dans les épaules*) Belles dames, j'ai l'honneur d'être le vôtre, autant que possible.

MAD. DUBREUIL et ELISA, *faisant la révérence.*
Monsieur...

ELISA, *levant les yeux.*
Ah! mon dieu, maman... c'est ce monsieur d'hier avec qui j'ai dansé, et qui ne nous a pas quittées de tout le souper.

MAD. DUBREUIL.
Comment, il se pourrait !... il était donc au bal, incognito.

BERNARD, *les lorgnant.*
Il me semble, autant que le bon ton me permet d'y voir... que j'ai déjà eu le plaisir de rencontrer ces dames.

MAD. DUBREUIL.

Mais, oui, monsieur... nous avons passé hier la soirée ensemble.

BERNARD.

Est-ce hier?.. eh? oui, rue Lepelletier... un bal de banquier. Une cohue... moi, je n'y vais jamais... aussi, je n'étais pas invité... je n'y connais personne... c'est un ami qui m'y a amené.

MAD. DUBREUIL.

Il me semble cependant, que le bal était...

BERNARD.

Ah! laissez-donc...

AIR : *sans mentir.*

Oui, le luxe et l'opulence
Eblouissent tous les yeux ;
Mais chez les gens de finance,
Tous les bals sont ennuyeux.
Terpsichore craint l'approche
Des Crésus prompts à glisser,
Et dit, en voyant leur poche,
Où tant d'or vient s'entasser :
« C'est trop lourd (*bis*) pour bien danser.. »

Et puis, quelle société... je n'y ai rencontré que deux personnes véritablement dignes de mes hommages... aussi, je ne les ai pas quittées... et j'étais loin de m'attendre aujourd'hui au plaisir de les revoir.

ÉLISA, *bas à sa mère.*

Qu'il est aimable et galant !

MAD. DUBREUIL.

Eh bien ! M. Dubreuil, vous l'entendez... vous voyez que les gens comme il faut se reconnaissent partout.

BERNARD.

Du premier coup d'œil ! je vous défie d'entrer dans un salon, sans être remarquée..

MAD. DUBREUIL.

Comme tout ce qu'il dit est de bon ton.

(*François apporte le déjeûner.*)

BERNARD.

Comment!... vous n'avez point encore déjeûné? à onze heures!.. mais c'est comme moi... c'est tout à fait bon genre.

MAD. DUBREUIL.

Oui, monsieur, c'est notre habitude.

M. DUBREUIL.

Excepté qu'aujourd'hui nous avons deux heures de retard... mais si vous voulez sans façon être des nôtres?..

BERNARD.

Comment donc!... mais très-volontiers.

MAD. DUBREUIL, *bas à son mari.*

Qu'est-ce que vous faites?.. nous n'avons personne... François est si mal adroit pour servir.

M. DUBREUIL.

Eh bien! monsieur n'a-t-il pas ses gens?

BERNARD.

Mes gens?... qu'est-ce qu'il dit donc?

M. DUBREUIL.

Tenez, justement voici votre jockey.

SCÈNE XI.

Les Précédens, un JOCKEY *en grande livrée.*

LE JOCKEY, *s'adressant à Bernard.*

Je viens savoir les ordres de monsieur.

BERNARD, *bas à Dubreuil.*

Dites-donc... il se trompe de maître.

M. DUBREUIL, *de même.*

Vas toujours, c'est convenu.

BERNARD, *au jockey.*

Mais, mon cher, comme vous voudrez... je crois que vous pouvez attendre.

ELISA, *à la fenêtre.*

Dieu! quel joli til-bury!

LE JOCKEY.

C'est la voiture de mon maître.

BERNARD, *bas à Dubreuil.*

Ma voiture!... c'est encore convenu?

M. DUBREUIL.

Eh! oui, oui... Allons, asseyez vous.

BERNARD, *après avoir pris place à la table et cherchant un nom.*

Tom... John... Villiams, mon jockey... servez-nous à table.

M. DUBREUIL.

Monsieur, nous sommes flattés de voir que vous ayez bien voulu partager le déjeûner de famille.

BERNARD.

Je suis trop heureux d'y être admis, et tout mon bonheur serait à mon tour de pouvoir vous recevoir chez moi.

MAD. DUBREUIL.

Monsieur, ma fille et moi... sommes infiniment flattées... (*bas à son mari*) Je vous le demande, monsieur, est-il possible d'être plus honnête?

M. DUBREUIL.

Vous le trouvez donc...

MAD. DUBREUIL.

Charmant... (*au jockey*) Je vous demanderai une tasse.

M. DUBREUIL, *souriant.*

Vraiment... (*à part*) Allons, allons, je suis enchanté de ma ruse, et pour la première fois que je m'en mêle, ça ne va pas mal.

SCÈNE XII.

M. et Mad. DUBREUIL, ELISA, BERNARD, *autour de la table, et déjeûnant,* le jockey, *debout, occupé à les servir*; M. COTING, *entrant par la porte du magasin.*

COTING.

Je suis désolé... de vous déranger encore... je ne vous dis qu'un mot, et je m'esquive.

(*M. Dubreuil se leve de table, et va causer avec lui à l'autre bout du théâtre*).

MAD. DUBREUIL, *à Bernard.*

Ne faites pas attention, c'est un chaland... ça n'en vaut pas la peine.

COTING, *à M. Dubreuil.*

Ce velours gris-perle me paraît bien... j'en prendrai quatre pièces pour commencer... pour le surplus...

MAD. DUBREUIL, *à qui Bernard a parlé bas pendant ce temps.*

C'est charmant ! Dieu ! qu'il a d'esprit !... On avait bien raison de nous vanter M. de Saint-Edmond.

COTING.

Hein !... qu'est-ce que c'est ?... quel nom ai-je entendu ! Comment !... monsieur serait ?...

ÉLISA.

M. de Saint-Edmond, lui-même.

COTING.

En effet... je reconnais son jokey... celui qui me renvoyait toujours. (*haut à Bernard*) Plusieurs fois, monsieur, je me suis présenté à votre hôtel, sans vous rencontrer.

BERNARD.

A mon hôtel !... (*à part*) C'est encore quelqu'incident arrangé par le beau-père.

COTING.

Votre domestique ici présent m'a toujours dit que vous n'étiez pas visible.

BERNARD.

Ce gaillard-là joue bien son rôle...

COTING.

Et puisque je vous trouve, voici une petite lettre de change, acceptée par vous et passée à mon ordre.

M. DUBREUIL, *à part.*

Eh ! mon dieu !... je n'avais pas pensé à celui-là... Ce que c'est, quand on commence.

BERNARD, *à part.*

C'est bien cela... Tous les jeunes gens à la mode ont des créanciers... et le beau-père m'en a trouvé un. (*haut à Coting*) Eh bien ! mon cher, qu'est-ce que cela ?... une lettre de change !... est-ce que ça me regarde ?... est-ce que je peux me mêler de tout ? C'est moi qui les fais, c'est déjà bien assez... mais ce n'est pas moi qui les paie... Voyez mon homme d'affaires... Est-ce que vous me prenez pour un bourgeois !

COTING.

Non, monsieur... je sais bien la différence... Les bourgeois paient eux-mêmes... mais c'est que je me suis mis en règle... Il y a contrainte par corps; et je serais désolé, pour si peu de chose, de causer du désagrément à monsieur...

M. DUBREUIL, *à part.*

Ah! mon Dieu!... tout va se découvrir.

COTING.

Et de le faire mettre en prison.

MAD. DUBREUIL ET ÉLISA.

En prison!...

BERNARD, *aux dames.*

Laissez donc... ça n'est pas possible... je ne découche jamais. (*à Coting*) De quoi est-il question?... de mille écus?

COTING.

Du tout, monsieur... d'une misère de 500 fr.

BERNARD, *toujours à table.*

Et c'est pour cela que vous me rompez la tête... Tenez, entendez-vous là-dessus avec M. Dubreuil, nous sommes en compte courant... et il va vous solder. (*à Mme Dubreuil*) Je vous demanderai un peu de crème.

M. DUBREUIL.

Comment, morbleu!... y pensez-vous!... payer cinq cents francs!

MAD. DUBREUIL, *versant de la crème à Bernard.*

Sans doute, mon ami; vous ne pouvez refuser à M. de Saint-Edmond.

BERNARD.

Certainement; qu'est-ce que cela vous coûte?

M. DUBREUIL.

Ce que ça me coûte... c'est que vous croyez plaisanter... mais je suis dans ce moment-ci dans une position... (*à part*) Mais renoncer à une ruse qui va si bien... (*on entend sonner*) Allez donc vite... Et puis d'ailleurs le véritable Saint-Edmond payera peut-être. (*on sonne encore.*) Mais, allez donc, madame.

MAD. DUBREUIL, *se levant de table.*

Excusez, monsieur...

BERNARD.

Faites, madame... je sais bien ce que c'est que le commerce.

MAD. DUBREUIL.

Ah! si celui-là s'avise de marchander, il sera bien venu.
(*Elle sort.*)

M. DUBREUIL, *à Coting.*

Monsieur, passons dans mon cabinet... nous allons régler cela. (*à Bernard*) Je te laisse quelques minutes avec ta prétendue... profite des momens, car ils sont chers. (*Il entre avec Coting dans le cabinet à droite.*)

SCÈNE XIII.

BERNARD, ÉLISA, LE JOCKEY.

ÉLISA, *à part.*

Et mon papa qui me laisse avec lui!... Qu'est-ce que je vais lui dire?

BERNARD, *à part.*

Le beau-père a raison... c'est l'instant ou jamais de me déclarer.

ÉLISA.

Vous disiez, monsieur, que vous étiez venu pour voir des étoffes?... Je vais, si vous le voulez, vous conduire au magasin.

BERNARD.

Tout-à-l'heure... (*au Jockey*) Williams, allez à votre cheval... (*à Élisa*) Dans ce moment, j'ai le temps d'attendre.

ÉLISA.

C'est que j'ai peur que vous ne vous ennuyez avec moi... Je ne vais pas souvent dans le monde; et je ne suis pas au fait de ses usages.

BERNARD.

Tant mieux... Vous ignorez combien le grand monde est ennuyeux... Je ne dirais pas cela devant votre mère, qui s'en est fait des idées magnifiques; mais il n'y a pas encore bien long-temps que j'y suis... et j'en ai déjà assez.

ÉLISA.

Il se pourrait.

BERNARD.

Au premier coup-d'œil, ça parait agréable de briller, de se promener, de n'avoir rien à faire,... mais si vous saviez au bout de quelque temps, comme la journée est longue.

AIR : *Il me faudra quitter l'empire.*

> Au boulevard, voyez sur une chaise,
> Plus d'un confrère, hélas! tout endormi!
> Pour échapper à l'ennui qui lui pèse,
> Il monte en vain sur un léger wiski,
> L'ennui s'élance et galope avec lui :
> Puis à la bourse en revenant il passe,
> Ou bien au jeu se livre avec ardeur,
>   Implorant comme une faveur
>   Quelque chagrin qui le délasse
>   De la fatigue du bonheur.

Ah! si j'avais suivi mes premiers projets, je n'en serais pas là,... j'avais de l'argent, des capitaux assez considérables, je me serais mis dans le commerce.

ÉLISA.

Vous?... dans le commerce!

BERNARD.

Et pourquoi pas?... moi, je me fais une idée charmante d'une vie utile et occupée,... je me vois avec ma femme, au milieu de mes vastes magasins.

ÉLISA.

Votre femme!... vous vous seriez donc marié?

BERNARD.

Sans doute; ne fût-ce que pour partager mon bonheur!.. Dans l'état que j'aurais pris, tous les momens n'auraient pas été donnés au travail. Après une matinée utilement employée, cinq heures arrivent.... la caisse et le registre sont fermés; libre de tous soins, content de soi-même et des autres, quelle douce gaîté anime le repas!... Le soir, on va chercher avec sa femme un spectacle amusant; ou bien l'on va dans quelques sociétés, chez de bons amis, qui sont enchantés de vous voir; et dans la belle saison, on a, près de Paris, une maison de campagne charmante, où l'on va passer les fêtes et les dimanches;... on a même la demi-fortune, ou le charaban qui vous transporte gaîment et en famille ;... ajoutez à cela, l'amour qui embellit tout ; et vous verrez qu'un brave et honnête marchand qui a de la considération, une bonne femme, et de la fortune, est encore, de tous les bourgeois de Paris, celui qui a l'état le plus heureux.

ÉLISA.

C'est pourtant vrai,... je n'avais jamais pensé à tout cela.

BERNARD.

Mais pour ce beau projet, il faut d'abord une femme qu'on aime, et dont on est aimé.

Air : *De la Volière.*

Trouver une femme que j'aime,
N'est pas difficile, je crois.

ÉLISA.

Vous avez déjà fait un choix?

BERNARD.

Je veux vous le dire à vous-même.
(*faisant un geste*).
Mais écoutez... n'entends-je pas
Vers nous revenir votre père.
Je crois, hélas !
Qu'il faut me taire.

ÉLISA.

Non, non, monsieur, l'on ne vient pas.

Deuxième couplet.

BERNARD.

C'est pour vous que mon cœur soupire

ÉLISA.

(*Parlant.*) O Ciel !

BERNARD.

Et je ne dois plus vous revoir.
A moins pourtant qu'un mot d'espoir...

ÉLISA, *baissant les yeux.*

Quoi !... faut-il donc ici vous dire...
Mais écoutez... n'entends-je pas
De ce côté venir ma mère.
Je crois, hélas !
Qu'il faut me taire.

BERNARD.

Non, non, vraiment, l'on ne vient pas.

(*On entend sonner.*)

Mad. DUBREUIL, *appelant*

Elisa, Elisa...

ELISA.

Vous voyez bien, monsieur.

BERNARD.

Encore un instant... je ne vous demande qu'un seul mot.

(*On entend sonner.*)

ELISA.

Impossible... puisque maman m'appelle.

(*Elle sort.*)

SCÈNE XIV.

BERNARD, *seul*.

Elle me quitte... mais c'est égal... je crois maintenant que mes affaires sont bien avancées.

SCÈNE XV.

BERNARD, COTING, puis M. DUBREUIL.

COTING, *sortant du cabinet de M. Dubreuil et saluant*.

C'est très bien... voilà qui est arrangé... (*à Bernard*) je suis payé monsieur, je vous salue, et je m'esquive; car on m'attend.

(*Il sort par le fond.*)

BERNARD, *regardant autour de lui*.

Qu'est-ce qu'il dit donc qu'il est payé... c'est inutile, puisqu'il n'y a là personne...

M. DUBREUIL, *sortant du cabinet*.

Eh bien! mon garçon, comment cela va-t-il?

BERNARD.

A merveille... mais il faut convenir aussi que vous vous y entendez joliment... tous les incidens ont été disposés avec un art... surtout une progression... ce jockey d'abord... puis le til-bury... et enfin ce créancier que vous avez inventé... c'était le coup de maître.

M. DUBREUIL.

Comment que j'ai inventé?... C'est charmant... Il croit toujours que c'est pour rire... Apprenez, Monsieur, que cette invention-là m'a coûté cinq cents francs et qu'à la rigueur je devrais rabattre sur la dot... Mais ne parlons pas de cela... Tu es donc content de ton entretien.

BERNARD.

Je suis dans l'enchantement... j'ai fait ma déclaration... et, à moins que l'habit que je porte ne me donne déjà de la fatuité, il me semble que je suis payé de retour.

M. DUBREUIL.

Vraiment... eh bien! il ne faut pas perdre de temps, et porter les derniers coups... tu aimes ma fille, tu en es aimé... c'est très-bien... je vais déranger tout cela.

BERNARD.

Comment, Monsieur?

M. DUBREUIL.

Eh! oui, je vais tout rompre.

BERNARD.

Mais, M. Dubreuil, je ne souffrirai pas...

M. DUBREUIL.

Et si tu me contraries, tu ne l'auras pas... Voici ma femme et ma fille... entre dans ce cabinet, écoute, ne dis mot, et laisse moi faire...

(*Bernard veut insister, Dubreuil le pousse dans le cabinet à droite, et revient.*)

SCÈNE XVI.

M. DUBREUIL, Mad. DUBREUIL, ÉLISA, BERNARD, *dans le cabinet.*

MAD. DUBREUIL, *à Élisa.*

Comment, ma fille... il serait amoureux de toi!... que me dis-tu là?

ÉLISA.

Oui, maman, je vous assure... (*à M. Dubreuil.*) Eh bien, mon papa! est-ce que M. le comte de Saint-Edmond est parti?

M. DUBREUIL.

Oui... je suis d'une colère... nous venons d'avoir une scène ensemble.

ÉLISA.

Comment?

M. DUBREUIL, *à Mad. Dubreuil.*

Vous ne vous douteriez jamais qu'il est amoureux de ma fille. (*à Élisa*) Tu ne le savais pas?

ÉLISA.

Si, mon papa, puisqu'il me l'a dit.

M. DUBREUIL.

Eh! bien, vois l'indignité... je lui ai offert ta main, et il l'a refusée.

ÉLISA et Mad. DUBREUIL.

Il l'a refusée!

M. DUBREUIL.

Très-positivement... qu'est-ce que tu dis de cela?

ÉLISA.

Ah! mon papa!.. je suis bien malheureuse... mais, je vous le demande... qui s'y serait attendu!.. un air si bon, si aimable... et si vous saviez ce qu'il me disait ce matin.

M. DUBREUIL.

C'est ma faute, j'aurais dû le prévoir... mais ta mère m'avait tant répété qu'elle voulait pour gendre quelqu'un qui fût hors de notre profession, qui tînt dans le monde un rang plus élevé... c'était là ce qu'il nous fallait... mais il arrive, par un fâcheux retour, que nous voulons bien de ces personnes-là, mais qu'elles ne veulent pas de nous.

ÉLISA.

Dieu! quelle humiliation!

M. DUBREUIL.

Oh! sans doute, ça n'est pas flatteur.... aussi dans le premier moment, j'en ai été indigné comme vous, mais maintenant que je réfléchis,... je n'ai pas trop le courage de lui en vouloir.

AIR : *Le choix que fait tout le village.*

    Braves marchands qu'enrichit le commerce,
    Pourquoi jeter les yeux plus haut que soi?
    Moi, qui suis fier de l'état que j'exerce,
    Je vois chacun le respecter en moi.
    Mais vous qu'un fol orgueil anime,
    De votre état vous cherchez à sortir;
    Comment alors voulez-vous qu'on l'estime...
    Lorsque vous-même avez l'air d'en rougir?

ÉLISA.

Pourquoi alors vous a-t-il dit qu'il m'aimait ? Pourquoi tantôt me l'a-t-il dit à moi même ?

M. DUBREUIL.

Ça n'empêche pas... Mets-toi à sa place... Si tu étais une grande dame et qu'il fût un simple marchand, consentirais-tu à t'abaisser jusqu'à lui ?

ÉLISA.

Oui, certainement... (*pleurant*) Et plût au ciel qu'au-lieu d'être un jeune homme à la mode, d'être lancé dans le grand monde et dans les hautes sociétés, il fût tout simplement comme nous dans le commerce !

M. DUBREUIL.

S'il en était ainsi, tu ne le dédaignerais pas?

ÉLISA.

Ah ! mon Dieu, non... vous verriez plutôt...

M. DUBREUIL.

Et tu l'épouserais ?

ÉLISA.

Sur-le-champ.

BERNARD, *qui est sorti du cabinet se jetant à ses pieds.*

Dieu ! que je suis heureux !

MAD. DUBREUIL.

Que vois-je !... M. de Saint-Edmond, aux genoux de ma fille !... (*à M. Dubreuil*) Que nous disiez-vous donc ? Et qu'est-ce que cela signifie ?

M. DUBREUIL.

Que mes vœux sont exaucés... et que tu vois, non M. de Saint-Edmond, mais le fils de mon ami Bernard, qui est plus amoureux à lui seul que toute la Chaussée-d'Antin.

MAD. DUBREUIL.

M. Bernard !... il serait possible !... Je serais jouée à ce point... et vous voudriez me faire consentir...

M. DUBREUIL.

Moi !.. ce n'est pas là mon intention; je ne veux contraindre personne... Comme tu le disais ce matin, ma chère amie... qu'elle parle... je ne prétends l'influencer en rien... Voyons, Élisa (*s'asseyant sur le fauteuil où était Mad. Dubreuil à la deuxième scène*), veux-tu te marier pour avoir le plaisir d'avoir une corbeille de noce, et d'aller en tilbury ou en calèche?

ÉLISA.

Non, mon papa.

Mad. DUBREUIL.

Comment, ma fille!.. vous pourriez...

M. DUBREUIL.

Permettez, Madame, vous devez rester neutre... (*à Élisa.*) Est-ce que par hasard tu préférerais à un élégant de la Chaussée d'Antin, le fils de mon ancien ami Bernard?

ÉLISA.

Oui, mon père.

M. DUBREUIL.

Vous le voyez... je ne lui fais pas dire... et vous êtes trop bonne mère, ma chère amie, pour vouloir contraindre les inclinations de votre fille.

Mad. DUBREUIL.

Alors, tant pis pour elle... faites comme vous voudrez.

M. DUBREUIL.

Voilà ce que je demandais... et grâce à ce mariage, nous restons tous au comptoir.

FINAL.

M. DUBREUIL.

AIR : *des Rendez-vous bourgeois.*

De crainte de disgrâce
Sachons borner nos vœux ;
Restons à notre place,
Et tout en ira mieux.

TOUS EN CHŒUR.

De crainte de disgrâce, etc., etc.

M. DUBREUIL.

AIR *Du vaudeville de la Somnambule.*

Le Gymnase doublant de zèle,
En deux moitiés voit partager son camp ;
A ses foyers l'une reste fidèle,
L'autre voyage au bord de l'Océan..
Qu'ici du moins nous reste l'indulgence ;
A nos bureaux, où l'on aime à vous voir,
Venez toujours ; et pendant cette absence,
Ne faites pas vos adieux au comptoir.

On reprend en chœur.

De crainte de disgrâce, etc., etc.

Le Libraire POLLET est Éditeur des Pièces ci-après :

MICHEL ET CHRISTINE, vaudeville en 1 acte, de MM. Scribe et Dupin. 1 50

LA DEMOISELLE ET LA DAME, ou Avant et Après, comédie-vaudeville en un acte, par MM. Scribe, Dupin et F. de Courcy. 1 50

LES DEUX FORÇATS, ou la Meûnière du Puy-de-Dôme, mélodrame en trois actes, par MM. Boirie, Carmouche et Poujol. 1 25

LA PAUVRE FAMILLE, mélodrame en 3 actes, par MM. Benjamin et Melchior. 1 25

LE CUISINIER DE BUFFON, vaud. en 1 acte, par MM. de Rougemont, Merle et Simonin. 1 25

BARBE-BLEUE, folie-féérie en 2 actes, mêlée de chants, précédée d'un Coup de Baguette, prologue en 1 acte, par MM. Frédéric et Brazier. . . . 1

L'AUBERGE DES ADRETS, mélodrame en 3 actes, par MM Benjamin, St-Amand et Polyanthe. 1

LES GRISETTES, vaudeville en 1 acte, par MM. Scribe et Dupin. 1 50

LA VÉRITÉ DANS LE VIN, vaud. de MM. Scribe et Mazères. 1 50

LE RETOUR, ou la suite de Michel et Christine, vaud. en 1 acte, par MM. Scribe et Dupin. 1 50

LE DERNIER JOUR DE FORTUNE, vaudeville par MM. Dupaty et Scribe. 5 10

RODOLPHE, ou Frère et Sœur, drame, par MM. Scribe et Mélesville. 1 50

LISBETH, ou la Fille du Laboureur, mélodrame en 3 actes, de M. V. Ducange, tiré de Léonide, ou la vieille de Surène, du même 1

ROSSINI A PARIS, ou le Grand Dîner, à-propos-vaudeville en 1 acte, par MM. Scribe et Mazères... 1 50

L'HERITIÈRE, vaud. en 1 acte, par MM. Scribe et G. Delavigne. 1 50

LES INVALIDES, ou Cent Ans de Gloire, tableau militaire en 2 actes, par MM Merle, Boirie, Ferdinand et Henri Simon. 1 50

LE COIFFEUR ET LE PERRUQUIER, vaudeville en un acte, par MM. Scribe, Mazères et Saint-Laurent. 1 50

L'ACCORDÉE DE VILLAGE, comédie-vaudeville en un acte, par MM. Brazier, Carmouche et Jouslin de la Salle. 1 50

LE FONDÉ DE POUVOIRS, vaudeville en 1 acte, par MM. Carmouche et ***. . 1 50

LE MAUVAIS SUJET, vaudeville tiré du roman de Léonide de M. Victor Ducange, par MM. Frédéric et Edmond Crosnier. . . . 1 »

LE OUI DES JEUNES FILLES, vaudeville en un acte, par MM. Dupenty, De Villeneuve et Jouslin de la Salle. 1 50

LA MANSARDE DES ARTISTES, vaudeville en 1 acte, par MM. Scribe, Dupin et Varner. 1 50

LA PÉNÉLOPE DE LA CITÉ, vaudeville en un acte, par MM. Duval, Rochefort et Jouslin de la Salle. 1

LE LEYCESTER DU FAUBOURG, vaudeville en 1 acte, par MM. Henri et Carmouche. 1 50

LE BEAU-FRERE, ou la Veuve à deux Maris, vaudeville en un acte, par MM. Paulin et Saint-Hilaire. 1 50

LE BAISER AU PORTEUR, vaud. en 1 acte, par MM. Scribe, Justin Gensoul et de Courcy. 1 50

LE DINER SUR L'HERBE, tableau-vaudeville en un acte, par MM. Scribe et Mélesville. 1 50

www.ingramcontent.com/pod-product-compliance
Lightning Source LLC
Chambersburg PA
CBHW060538050426
42451CB00011B/1774